Impressum
Verlag: BABADADA GmbH, Nedderfeld 112 , 22529 Hamburg
Geschäftsführer / Verlagsleitung: Harald Hof
Druck: Books on Demand GmbH, In de Tarpen 42, 22848 Norderstedt

Imprint
Publisher: BABADADA GmbH, Nedderfeld 112 , 22529 Hamburg, Germany
Managing Director / Publishing direction: Harald Hof
Print: Books on Demand GmbH, In de Tarpen 42, 22848 Norderstedt, Germany

ysgol
School

ystafell ddosbarth
Klassenstuuv

rhannu
delen

186/2

bwrdd
Tafel

iard ysgol
Schoolhoff

athro
Schoolmeester

papur
Papeer

ysgrifennu
schrieven

pen
Sticken

desg
Schrievdisch

pren mesur
Lienholt

llyfr
Book

disgybl
Schöler

bag ysgol

Ranzel

blwch penseli

Feddermapp

pensil

Bleesticken

peth rhoi min ar bensil

Scharpmaker

rwber

Radeergummi

pad arlunio

Tekenblock

llun

Teken

brws paent

Pinsel

blwch paent

Malkassen

siswrn

Scheer

glud

Klever

llyfr ysgrifennu

Heft to'n Öven

gwaith cartref

Huusopgaav

12

rhif

Tall

2+2

ychwanegu

tohooptellen

5-2

tynnu

aftrecken

2×2

lluosi

malnehmen

cyfrifo

reken

A

llythyren

Bookstaav

ABCDEFG
HIJKLMN
OPQRSTU
VWXYZ

gwyddor

ABC

hello

gair

Woort

testun

Text

darllen

lesen

sialc

Kried

gwers

Stunn

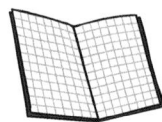

cofrestr

Klassenbook

arholiad

Pröven

tystysgrif

Tüügnis

gwisg ysgol

Schooluniform

addysg

Utbillen

gwyddoniadur

Nakieksel

prifysgol

Universität

microsgop

Mikroskop

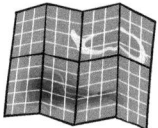

map

Koort

basged papur gwastraff

Papeerkorf

4   ysgol - School

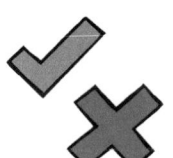

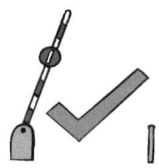

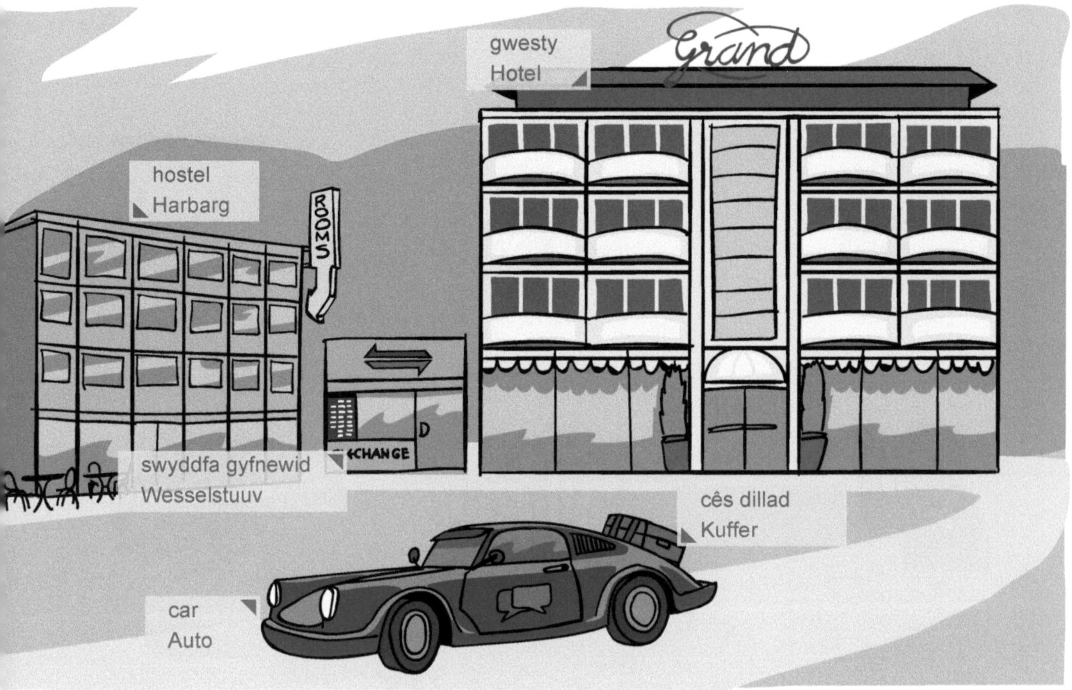
gwesty
Hotel
Grand
hostel
Harbarg
ROOMS
swyddfa gyfnewid
Wesselstuuv
cês dillad
Kuffer
car
Auto

iaith

Spraak

ie / na

jo / ne

iawn

Jo

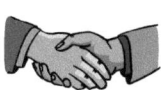

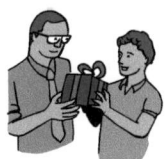

helo

Moin

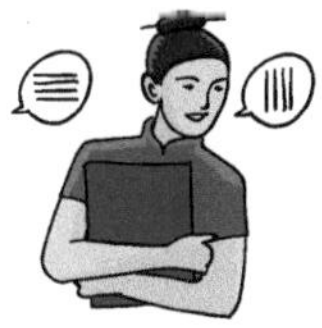

cyfieithydd

Översetter

Diolch yn fawr

Dank ok

faint yw ...?	Dw i ddim yn deall	problem
Wat kost...?	Ik verstah nich	Problem

Noswaith dda!	Bore da!	Nos da!
Goden Avend	Moin!	Gode Nacht!

hwyl	cyfarwyddyd	bagiau
Tschüüs	Richt	Bagaasch

bag	gwarbac	gwestai
Tasch	Rüchsack	Gast

ystafell	sach gysgu	pabell
Stuuv	Slaapsack	Telt

gwybodaeth i ymwelwyr

Touristeninformatschoon

traeth

Strand

cerdyn credyd

Kreditkoort

brecwast

Fröhstück

cinio

Meddageten

swper

Avendeten

tocyn

Fohrkort

lifft

Fohrstohl

stamp

Breefmark

ffin

Grenz

tollau

Toll

llysgenhadaeth

Bottschop

fisa

Visum

pasbort

Pass

cludiant
Transport

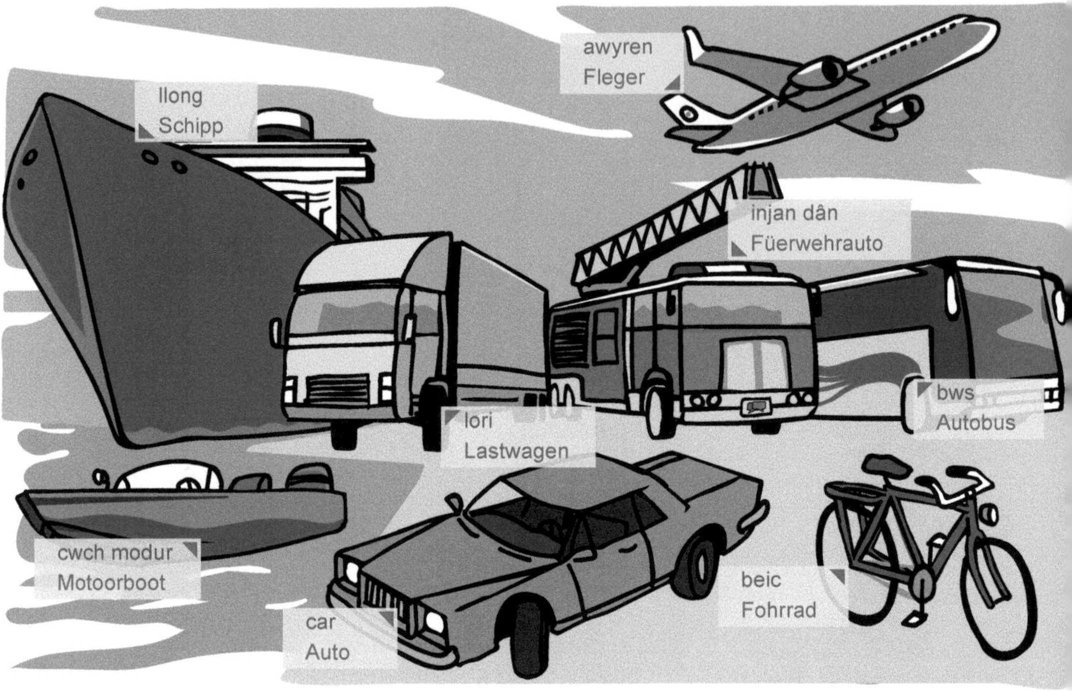

awyren
Fleger
llong
Schipp
injan dân
Füerwehrauto
bws
Autobus
lori
Lastwagen
cwch modur
Motoorboot
beic
Fohrrad
car
Auto

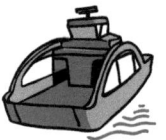

fferi

Fähr

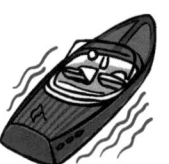

cwch

Boot

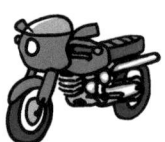

beic modur

Motoorrad

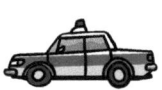

car yr heddlu

Polizeiauto

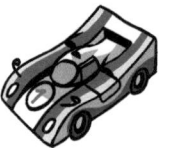

car rasio

Rönnauto

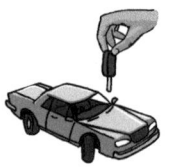

car wedi'i rentu

Lehnwagen

rhannu car	lori tynnu	lori ysbwriel
Carsharing	Afsleepwagen	Müllauto

modur	tanwydd	gorsaf betrol
Motoor	Kraftstoff	Tanksteed
	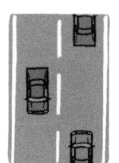	
arwydd traffig	traffig	tagfa draffig
Verkehrsschild	Verkehr	Stau

maes parcio	gorsaf drennau	traciau
Afstellplatz	Bahnhoff	Sporen
	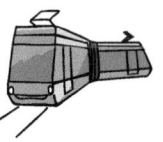	
trên	tram	wagen
Tog	Stratenbahn	Wagon

hofrennydd

Dwarsmöhl

maes awyr

Flooghaven

tŵr

Tower

teithiwr

Fohrgast

cynhwysydd

Grootkist

paced

Karton

cert

Koor

basged

Korf

esgyn / glanio

starten / lannen

dinas

Stadt

pentref

Dörp

canol y ddinas

Binnenstadt

tŷ

Huus

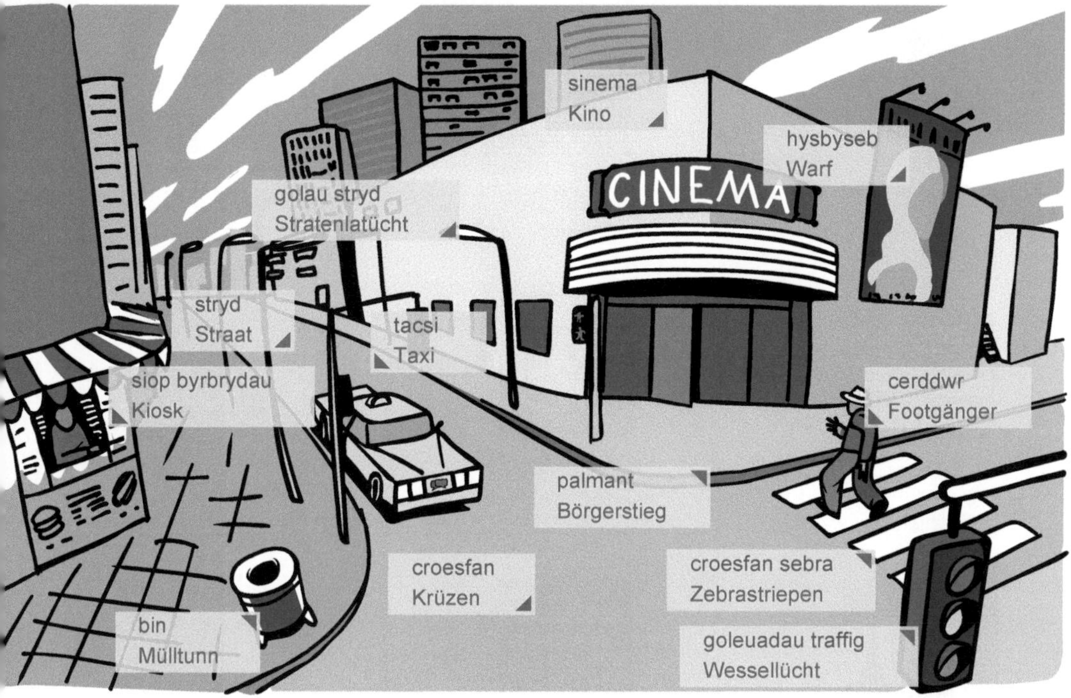

sinema
Kino

hysbyseb
Warf

golau stryd
Stratenlatücht

CINEMA

stryd
Straat

tacsi
Taxi

cerddwr
Footgänger

siop byrbrydau
Kiosk

palmant
Börgerstieg

croesfan
Krüzen

croesfan sebra
Zebrastriepen

bin
Mülltunn

goleuadau traffig
Wessellücht

cwt	fflat	gorsaf drennau
Hütt	Wahnung	Bahnhoff

neuadd y dref	amgueddfa	ysgol
Raathuus	Museum	School

prifysgol

Universität

banc

Bank

ysbyty

Krankenhuus

gwesty

Hotel

fferyllfa

Afteek

swyddfa

Büro

siop lyfrau

Bookhökerie

siop

Hökerie

siop flodau

Blomenhökerie

archfarchnad

Supermarkt

farchnad

Markt

siop adrannol

Koophuus

siop bysgod

Fischhökerie

canolfan siopa

Inkoopszentrum

harbwr

Haven

parc

Parkanlaag

banc

Bank

pont

Brüch

grisiau

Trepp

rheilffordd danddaearol

Ünnergrundbahn

twnnel

Tunnel

safle bws

Busstoppsteed

bar

Bar

bwyty

Spieslokal

blwch post

Breefkassen

arwydd stryd

Stratenschild

mesurydd parcio

Parkklock

sŵ

Deertenpark

pwll nofio

Baadanstalt

mosg

Moschee

 fferm

Buernhoff

llygredd

Ümweltversmudden

mynwent

Karkhoff

eglwys

Kark

maes chwarae

Speelplatz

teml

Tempel

tirwedd
Landschop

deilen
Blatt

arwydd cyfeirio
Wiespahl

ffordd
Weg

dôl
Wisch

carreg
Steen

coeden
Boom

heiciwr
Wannerer

afon
Fluss

glaswellt
Gras

blodyn
Bloom

cwm

Daal

bryn

Barg

llyn

See

coedwig

Holt

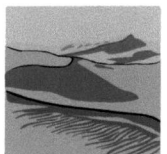

anialwch

Wööst

llosgfynydd

Füerspien Barg

castell

Slott

enfys

Regenbagen

madarchen

Poggenstohl

palmwydden

Palm

mosgito

Steekmück

pryf

Fleeg

morgrugyn

Miegeemk

gwenyn

Imm

pryf copyn

Spinn

chwilen

Sebber

llyffant

Pogg

gwiwer

Katteker

draenog

Swienegel

ysgyfarnog

Haas

tylluan

Uul

aderyn

Vagel

alarch

Swaan

baedd

Wildswien

carw

Hirsch

elc

Elk

argae

Staudamm

tyrbin gwynt

Windrad

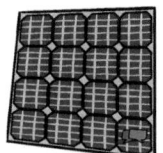

panel haul

Solarmodul

hinsawdd

Klima

bwyty
Spieslokal

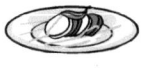

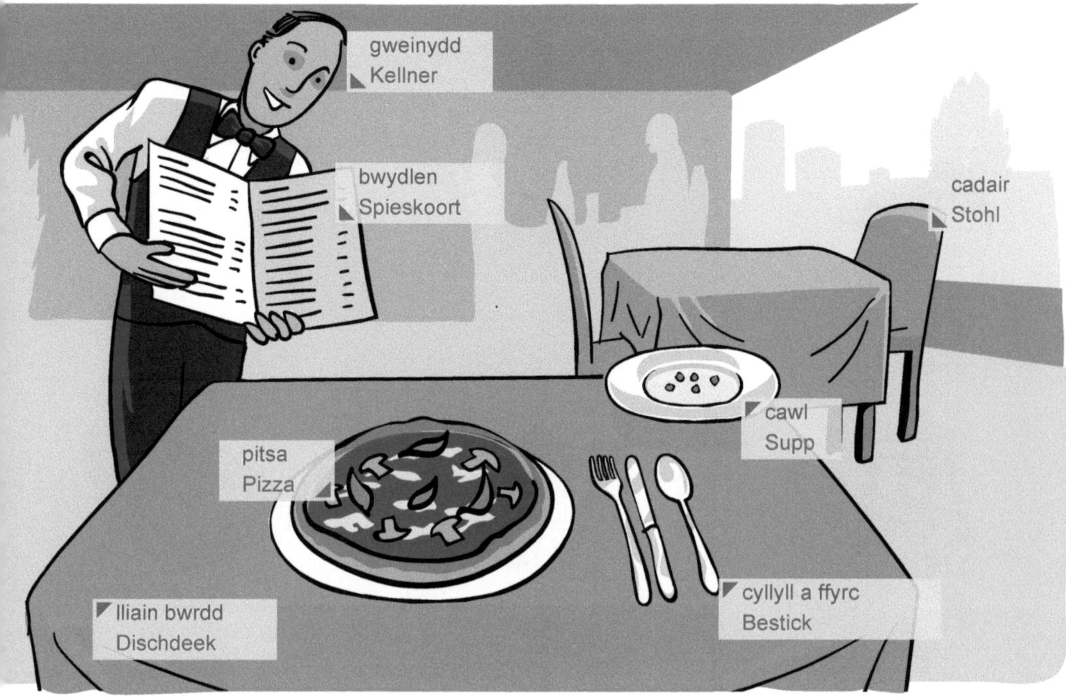
gweinydd
Kellner
bwydlen
Spieskoort
cadair
Stohl
cawl
Supp
pitsa
Pizza
lliain bwrdd
Dischdeek
cyllyll a ffyrc
Bestick

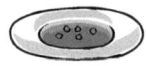

cwrs cyntaf

Vörspies

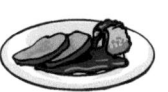

prif gwrs

Haupteten

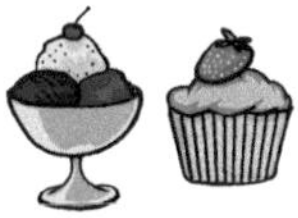

pwdin

Nadisch

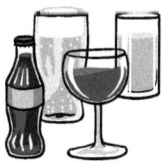

diodydd

Drünk

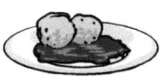

bwyd

Eten

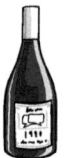

potel

Buddel

bwyd cyflym

Fastfood

bwyd y stryd

Strateneten

tebot

Teekann

powlen siwgr

Zuckerdoos

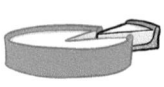

dogn

Portschoon

peiriant espresso

Espressomaschien

cadair plentyn

Hoochstohl

bil

Reken

hambwrdd

Tablett

cyllell

Mess

fforc

Gavel

llwy

Lepel

llwy de

Teelepel

napcyn

Munddook

gwydr

Glas

plât

Töller

plât cawl

Suppentöller

soser

Ünnertass

saws

Sooß

pot halen

Soltstreuer

melin bupur

Pepermöhl

finegr

Etig

olew

Ööl

sbeisys

Krüder

saws coch

Ketchup

mwstard

Mostrich

mayonnaise

Mayonnaise

archfarchnad

Supermarkt

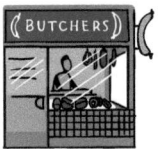

cynnig arbennig
Anbott
FOR
cwsmer
Kunn
cynnyrch llaeth
Melkprodukten
ffrwythau
Aaft
troli
Inkoopswagen

BUTCHERS

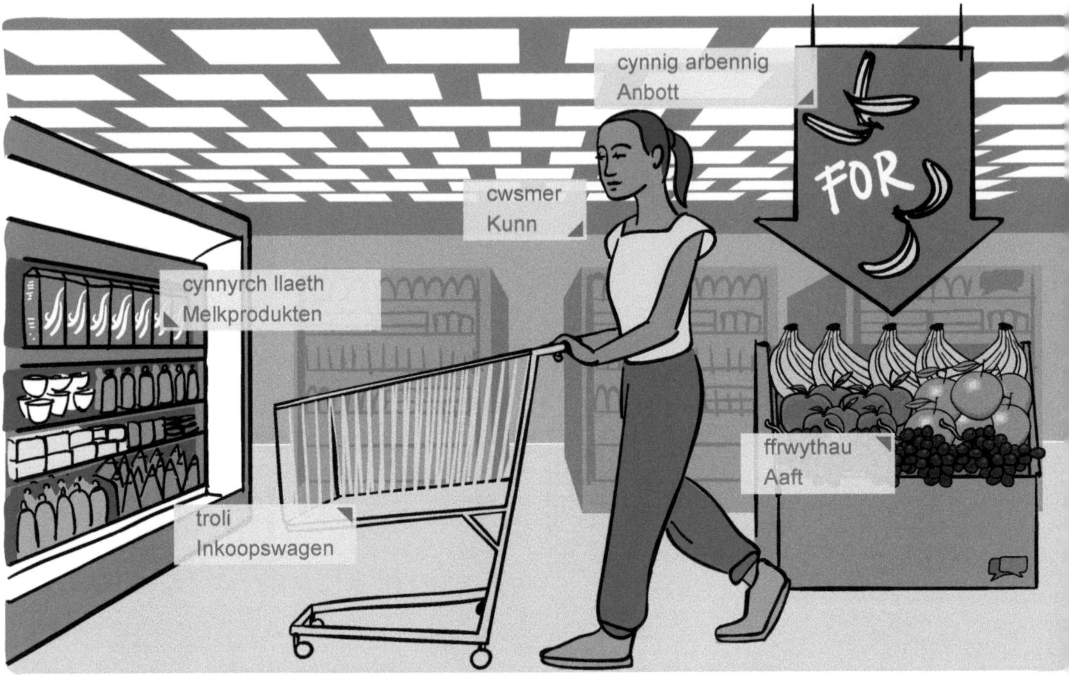

siop gig

Slachterie

BAKERY

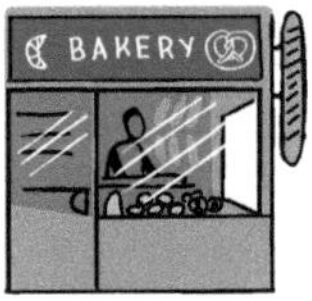

siop fara

Bäckerie

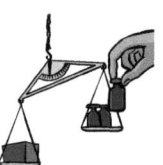

pwyso

wegen

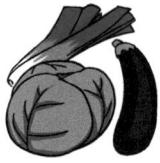

llysiau

Gröönsaken

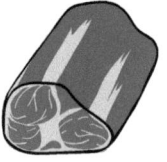

cig

Fleesch

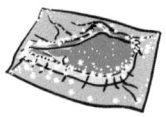

Bwyd wedi'i rewi

Deepköhlkost

cig oer

Opsnitt

bwyd tun

Konserven

powdr golchi

Waschmiddel

da-da

Snoopkraam

cynnyrch cartref

Huushooltssaken

cynhyrchion glanhau

Reinmaaktüüch

gwerthwraig

Verköpersche

til

Kass

ariannwr

Kasserer

rhestr siopa

Inkoopslist

oriau agor

Opsparrtieden

waled

Breeftasch

cerdyn credyd

Kreditkoort

bag

Tasch

bag plastig

Plastiktüüt

diodydd
Drünk

dŵr

Water

sudd

Saft

llefrith

Melk

côc

Cola

gwin

Wien

cwrw

Beer

alcohol

Spriet

coco

Kakao

te

Tee

coffi

Koffie

espresso

Espresso

cappuccino

Cappucino

ffrwchledd

Banaan

afal

Appel

oren

Appelsien

melon

Meloon

lemwn

Zitroon

moronen

Wöttel

garlleg

Knuuvlook

bambŵ

Bambus

nionyn

Zibbel

madarchen

Poggenstohl

cnau

Nööt

nwdls

Nudeln

sbageti

Spaghetti

reis

Ries

salad

Salat

sglodion

Pommes frites

tatws wedi'u ffrïo

Braadkantüffeln

pitsa

Pizza

hambyrger

Hamborger

brechdan

Sandwich

cytled

Snitzel

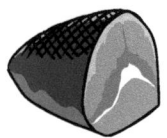

ham

Schinken

salami

Salami

selsig

Wust

cyw iâr

Hohn

rhost

Braden

pysgodyn

Fisch

ceirch uwd

Haverflocken

miwsli

Müsli

creision ŷd

Cornflakes

blawd

Mehl

croissant

Croissant

bynsen

Rundstück

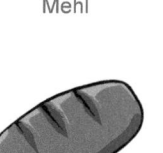

bara

Broot

tost

Toast

bisgedi

Keksen

menyn

Botter

ceuled

Quark

teisen

Koken

wy

Ei

wy wedi'i ffrïo

Spegelei

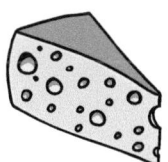

caws

Kees

hufen iâ

les

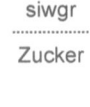

siwgr

Zucker

mêl

Honnig

jam

Marmelaad

siocled taenu

Nougat-Creme

cyri

Curry

fferm
Buernhoff

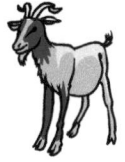

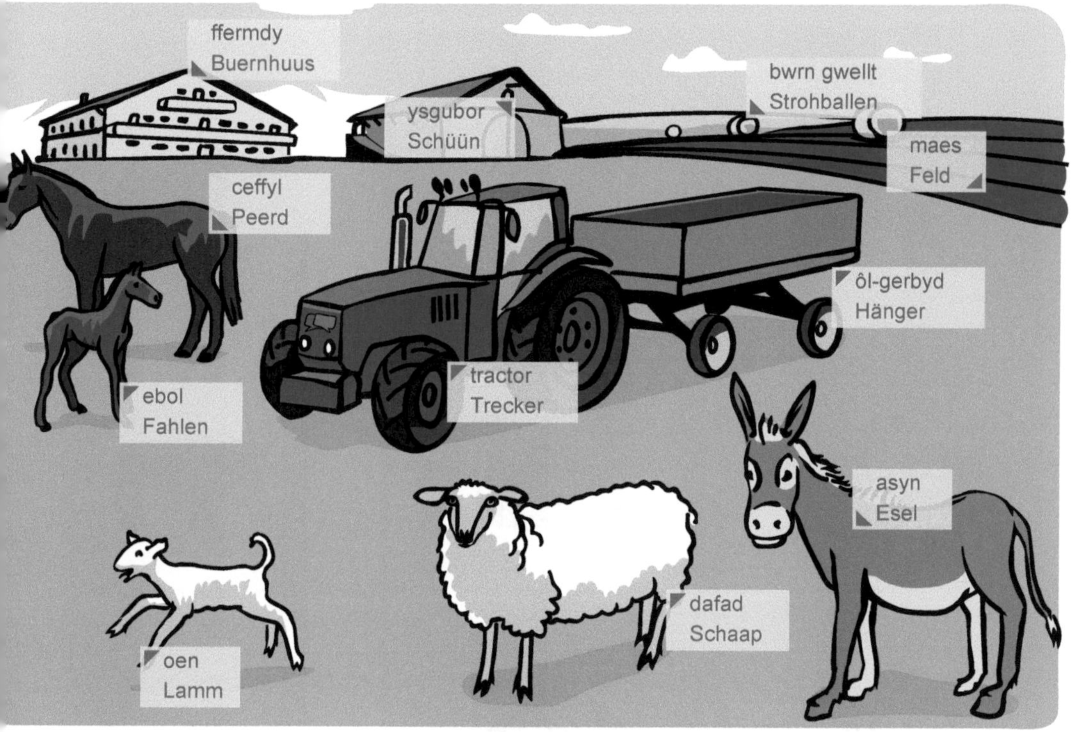
ffermdy
Buernhuus
ysgubor
Schüün
bwrn gwellt
Strohballen
maes
Feld
ceffyl
Peerd
ôl-gerbyd
Hänger
tractor
Trecker
ebol
Fahlen
asyn
Esel
dafad
Schaap
oen
Lamm

gafr

Zeeg

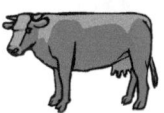

buwch

Koh

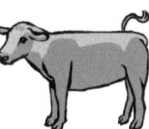

llo

Kalf

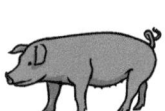

mochyn

Swien

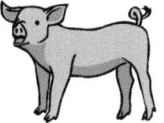

porchell

Farken

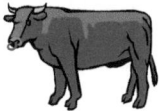

tarw

Bull

gwydd

Goos

hwyaden

Aant

cyw

Küken

iâr

Hohn

ceiliog

Hahn

llygoden fawr

Rott

cath

Katt

llygoden

Muus

ych

Oss

ci

Hund

cwt ci

Hunnenhütt

pibell ddŵr

Goornslauch

can dŵr

Geetkann

pladur

Lee

aradr

Ploog

cryman

Sich

fforch chwynu

Hack

picwarch

Mestfork

bwyell

Ext

berfa

Schuufkoor

cafn

Trog

tun llefrith

Melkkann

sach

Sack

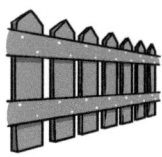

ffens

Tuun

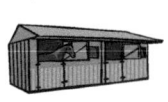

stabl

Stall

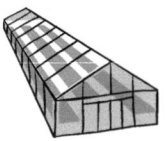

tŷ gwydr

Drievhuus

pridd

Bodden

hedyn

Saat

gwrtaith

Dünger

dyrnwr medi

Meihdöscher

cynaeafu

oornen

cynhaeaf

Oorn

iamau

Yamswöttel

gwenith

Weten

soi

Soja

tysen

Kantüffel

grawn

Törksche Weten

had rêp

Rapp

coeden ffrwythau

Aaftboom

manioc

Troopsch Kantüffel

grawnfwydydd

Koorn

simnai
Schosteen

to
Dack

peipen law
Regenrönn

ffenestr
Finster

garej
Garaasch

cloch y drws
Döörklock

drws
Döör

bin sbwriel
Müllemmer

blwch post
Breefkassen

gardd
Goorn

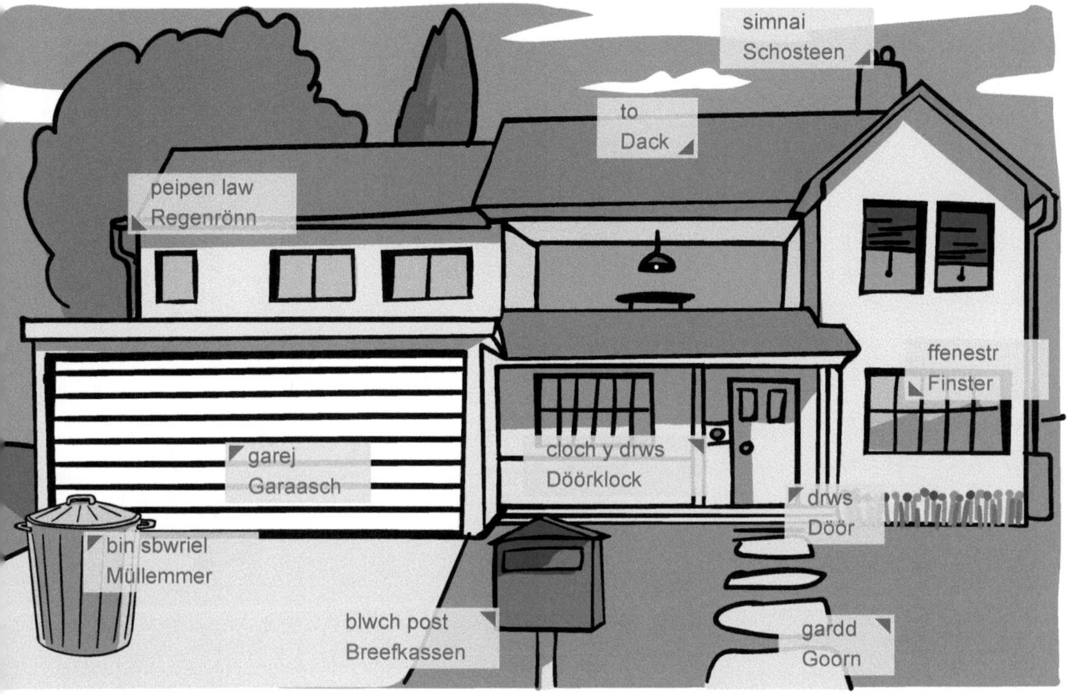

lolfa

Wahnstuuv

ystafell ymolchi

Baadstuuv

cegin

Köök

ystafell wely

Slaapstuuv

ystafell plentyn

Kinnerstuuv

ystafell fwyta

Eetstuuv

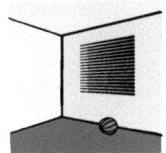

llawr

Footbodden

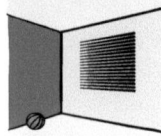

wal

Wand

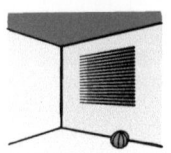

nenfwd

Deek

seler

Keller

sawna

Hittluftbad

balconi

Balkon

teras

Terrass

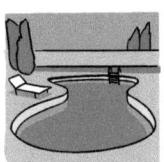

pwll

Swümmbad

peiriant torri gwair

Rasenmeiher

taflen

Bettbetog

gorchudd gwely

Bettdeek

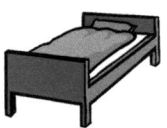

gwely

Puuch

ysgub

Bessen

bwced

Emmer

swits

Schalter

lolfa

Wahnstuuv

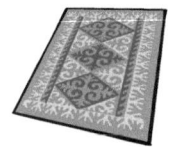

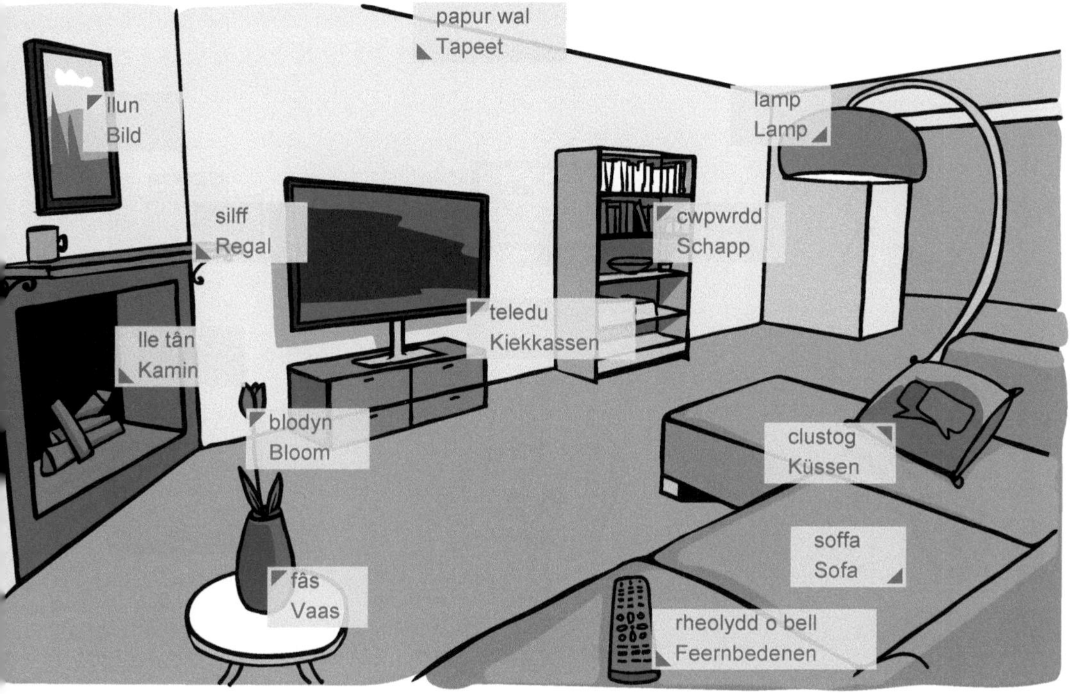

papur wal
Tapeet
llun
Bild
lamp
Lamp
silff
Regal
cwpwrdd
Schapp
teledu
Kiekkassen
lle tân
Kamin
blodyn
Bloom
clustog
Küssen
soffa
Sofa
fâs
Vaas
rheolydd o bell
Feernbedenen

carped

Teppich

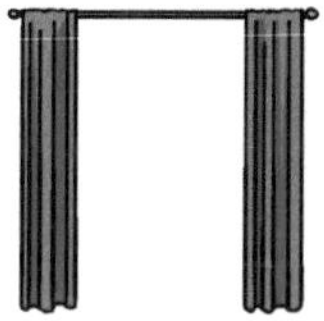

llen

Vorhang

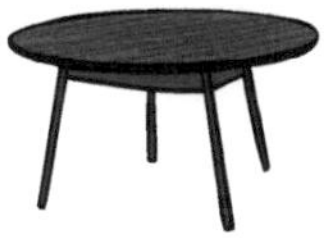

bwrdd

Disch

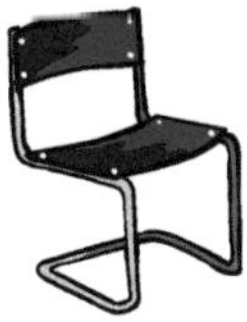

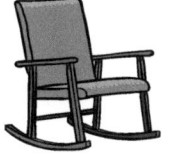

cadair

Stohl

cadair siglo

Schuckelstohl

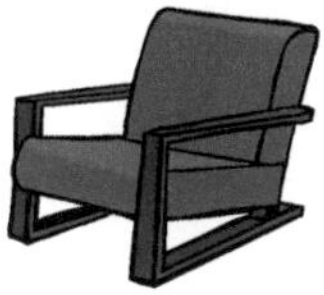

cadair freichiau

Sessel

llyfr

Book

blanced

Deek

addurn

Dekoratschoon

coed tân

Füerholt

ffilm

Film

hi-fi

Stereoanlaag

agoriad

Slötel

papur newydd

Narichtenblatt

darlun

Gemälde

poster

Poster

radio

Radio

llyfr nodiadau

Opschrievblock

hwfer

Huulbessen

cactws

Kaktus

cannwyll

Kars

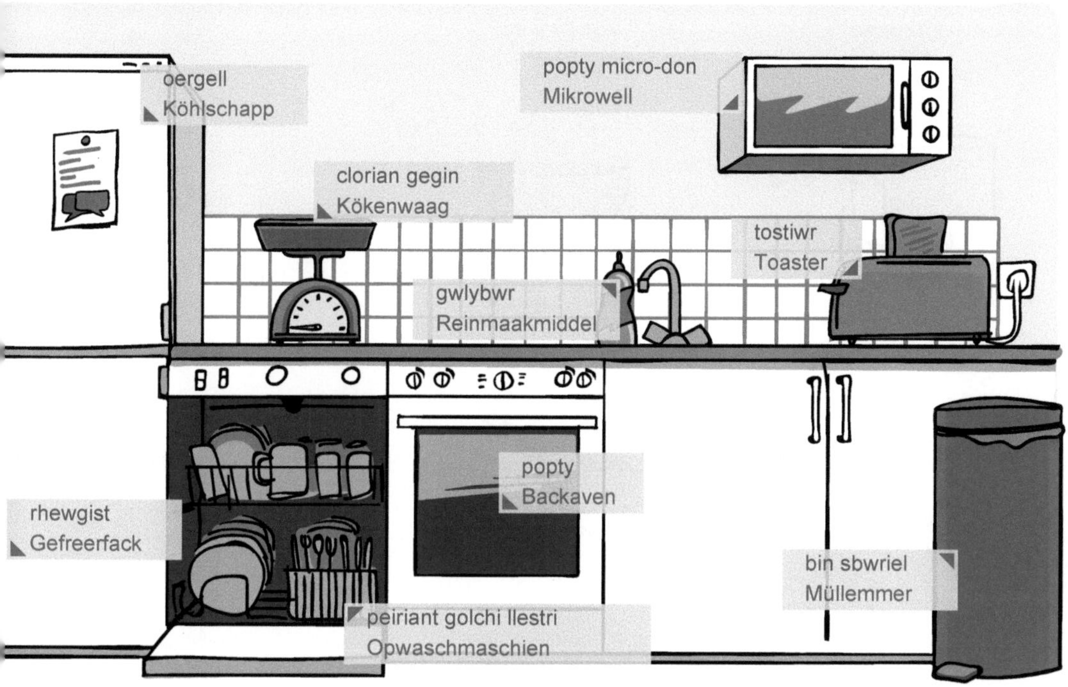

oergell
Köhlschapp

popty micro-don
Mikrowell

clorian gegin
Kökenwaag

tostiwr
Toaster

gwlybwr
Reinmaakmiddel

rhewgist
Gefreerfack

popty
Backaven

bin sbwriel
Müllemmer

peiriant golchi llestri
Opwaschmaschien

popty

Heerd

pot

Pott

pot haearn bwrw

Gussiesern Putt

wok / kadai

Wok / Kadai

padell

Pann

tegell

Waterkaker

sosban stemio

Dampkaakputt

hambwrdd pobi

Backblick

llestri

Geschirr

mwg

Beker

powlen

Schaal

gweill bwyta

Eetsticken

lletwad

Suppenkell

ysbodol

Pannenwenner

chwisg

Sneebessen

hidlydd

Kaakseef

gogr

Seef

gratiwr

Riev

morter

Mörser

barbeciw

Grill

tân agored

Füerstell

bwrdd torri cig

Sniedbrett

rholbren

Nudelholt

tynnwr corcyn

Proppentrecker

tun

Doos

peth agor tuniau

Dosenaapner

clwt pot

Pottlappen

sinc

Waschbecken

brws

Böst

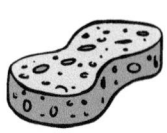

sbwng

Swamm

peiriant cymysgu

Mixer

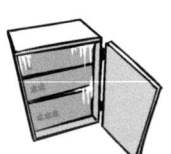

rhewgell

lesschapp

potel babi

Nuckelbuddel

tap

Waterhahn

ystafell ymolchi
Baadstuuv

cawod
Bruus

gwres
Heizung

tywel
Handdook

llen gawod
Bruusvörhang

baddon ewyn
Schuumbad

baddon
Baadwann

gwydr
Glas

peiriant golchi
Waschmaschien

tap
Waterhahn

teils
Fliesen

potyn
lütte Putt

sinc
Waschbecken

tŷ bach
Tante Meier

toiled cyrcydu
Hockklo

bidet
Bidet

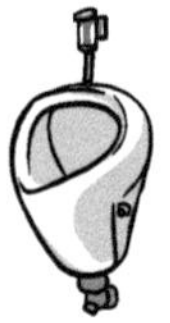

troethfa
Miegbecken

papur tŷ bach
Klopapeer

brws tŷ bach
Kloböst

brws dannedd

Tähnböst

past dannedd

Tähnpast

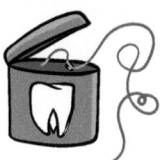

edau ddannedd

Tähnsied

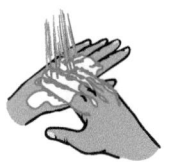

golchi

waschen

cawod llaw

Handbruus

golchfa

Intimbruus

basn

Waschschöttel

brws-ôl

Rüchböst

sebon

Seep

gel cawod

Bruusgeel

siampŵ

Hoorwaschmiddel

gwlanen

Waschlappen

ffos

Afloop

hufen

Creme

diaroglydd

Deodorant

drych

Spegel

drych llaw

Kosmetikspegel

rasel

Raserer

ewyn eillio

Raseerschuum

sent eillio

Raseerwater

crib

Kamm

brws

Böst

sychwr gwallt

Hoordröger

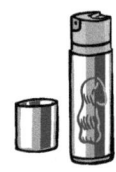

chwistrell gwallt

Hoorspray

colur

Smink

minlliw

Lippensticken

farnais ewinedd

Nagellack

gwlân cotwm

Watt

siswrn ewinedd

Nagelscheer

persawr

Rüükwater

bag ymolchi

Kulturbüdel

stôl

Schemel

clorian

Waag

gŵn baddon

Baadmantel

menig rwber

Gummihanschen

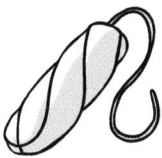

tampon

Tampon

tywel misglwyf

Damenbinn

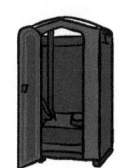

toiled cemegol

Chemieklo

ystafell plentyn
Kinnerstuuv

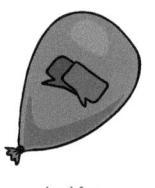

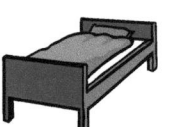

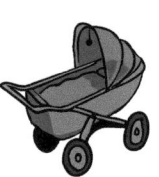

cloc larwm
Wecker
tegan anwes
Knudeldeert
car tegan
Speeltüüchauto
cleciwr
Klöter
tŷ dol
Poppenhuus
anrheg
Geschenk

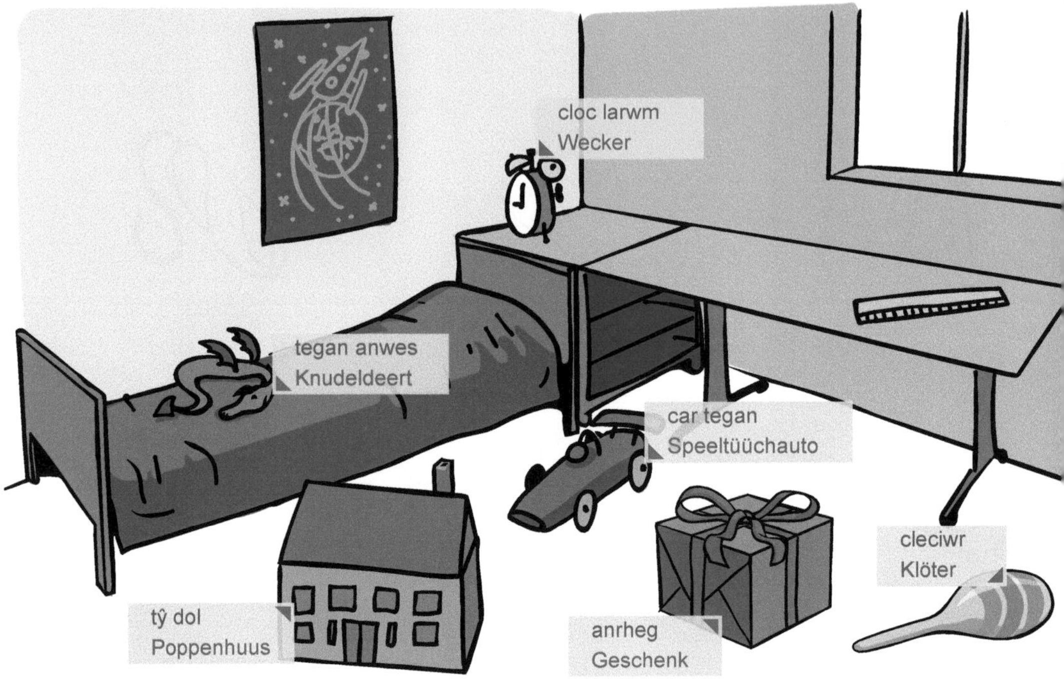

balŵn

Luftballon

gwely

Puuch

pram

Kinnerwagen

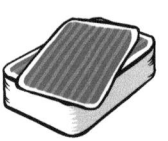

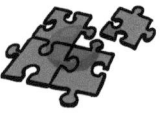

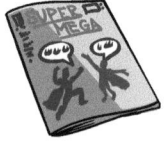

pecyn o gardiau

Koortenspeel

jig-so

Puzzle

SUPER
MEGA

comic

Billergeschicht

brics Lego

Legostenen

blociau adeiladu

Bustenen

ffigur gweithredu

Action-Figur

babygro

Strampelantog

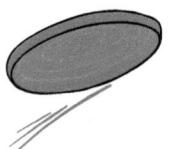

ffrisbi

Frisbeeschiev

ffôn symudol

Mobile

gêm fwrdd

Brettspeel

deis

Wörpel

set model trên

Modelliesenbahn

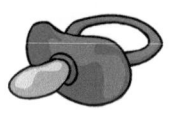

teth lwgu

Snuller

parti

Party

llyfr lluniau

Billerbook

pêl

Ball

dol

Popp

chwarae

spelen

pwll tywod

Sandkassen

swing

Schuckel

teganau

Speeltüüch

consol gemau fideo

Speelkonsool

beic tair olwyn

Dreerad

tedi

Teddyboor

cwpwrdd dillad

Klederschapp

dillad

Tüüch

hosanau

Socken

hosanau

Strümp

teits

Strumpbüx

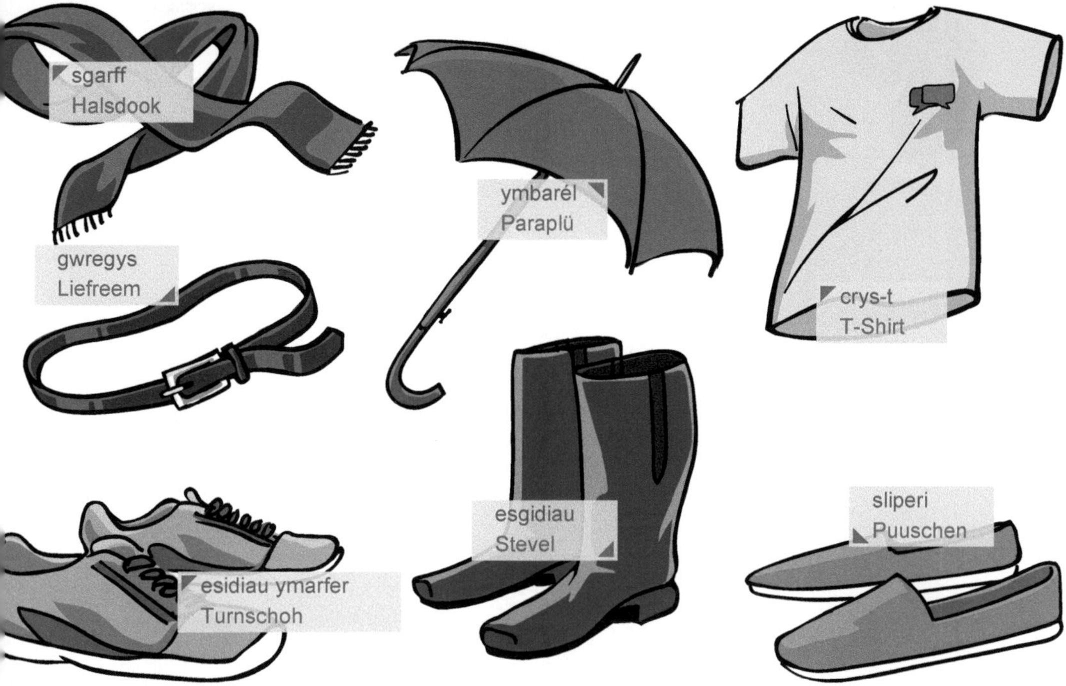

sgarff
Halsdook

ymbarél
Paraplü

gwregys
Liefreem

crys-t
T-Shirt

esgidiau
Stevel

sliperi
Puuschen

esidiau ymarfer
Turnschoh

sandalau
Sandalen

esgidiau
Schoh

esgidiau rwber
Gummistevel

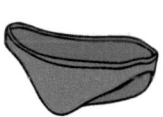

trôns
Ünnerbüx

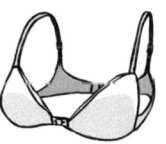

bra
Bostholler

fest
Ünnerhemd

dillad - Tüüch

45

corff

Lief

trowsus

Büx

jîns

Jeansnüx

sgert

Rock

blows

Bluus

crys

Hemd

pwlofer

Pullover

hwdi

Kapuzenpullover

blaser

Blazer

siaced

Jack

côt

Mantel

côt law

Övertrecker

gwisg

Kostüm

gŵn

Kleed

gwisg briodas

Hochtietskleed

siwt

Antog

gŵn nos

Nachtkleed

pyjamas

Slaapantog

sari

Sari

sgarff pen

Koppdook

tyrban

Turban

bwrca

Burka

cafftan

Kaftan

abaya

Abaya

gwisg nofio

Baadantog

trowsus nofio

Baadbüx

siorts

Korte Büx

tracwisg

Antog to'n Öven

ffedog

Schört

menig

Handschoh

botwm

Knopp

sbectol

Brill

breichled

Armband

cadwyn

Halskeed

modrwy

Ring

clustdlws

Ohrbummel

cap

Mütz

cambren

Klederbögel

het

Hoot

tei

Binner

sip

Rietslüter

helmed

Helm

fframiau danedd

Drachtband

gwisg ysgol

Schooluniform

gwisg

Uniform

bib

Severböten

teth lwgu

Snuller

cewyn

Winnel

swyddfa
Büro

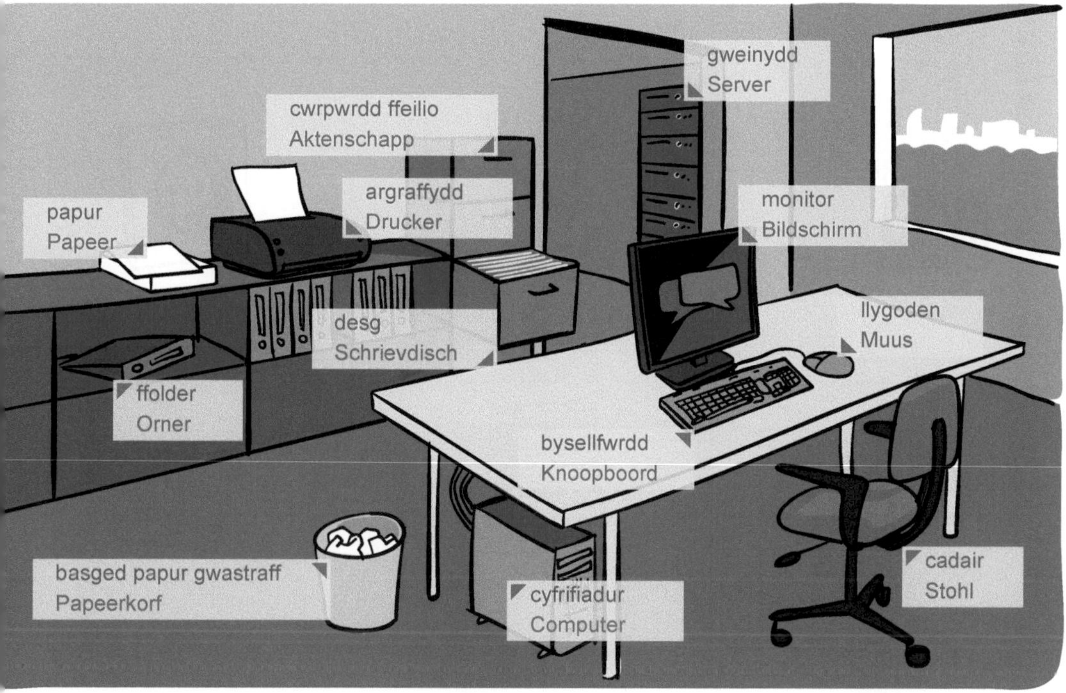

gweinydd
Server

cwrpwrdd ffeilio
Aktenschapp

argraffydd
Drucker

monitor
Bildschirm

papur
Papeer

llygoden
Muus

desg
Schrievdisch

ffolder
Orner

bysellfwrdd
Knoopboord

basged papur gwastraff
Papeerkorf

cadair
Stohl

cyfrifiadur
Computer

mwg coffi

Koffiebeker

cyfrifiannell

Taschenreekner

rhyngrwyd

Internet

gliniadur

Klappreekner

llythyr

Breef

neges

Naricht

ffôn symudol

Ackersnacker

rhwydwaith

Nettwark

llungopïwr

Kopeerapparat

meddalwedd

Software

teleffon

Klöönkassen

soced plwg

Steekdoos

peiriant ffacs

Faxapparat

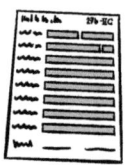

ffurflen

Formulor

dogfen

Dokument

swyddfa - Büro

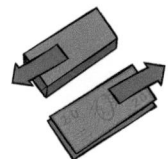

prynu

köpen

talu

betahlen

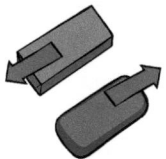

masnachu

hanneln

arian

Geld

doler

Dollar

ewro

Euro

yen

Yen

rwbl

Ruvel

ffranc y Swistir

Swiezer Franken

yuan renminbi

Renminbi Yuan

rwpi

Rupie

peiriant arian

Geldautomat

swyddfa gyfnewid

Wesselstuuv

aur

Gold

arian

Sülver

olew

Ööl

ynni

Energie

pris

Pries

contract

Verdrag

treth

Stüer

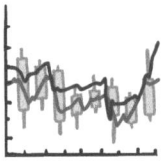

stoc

Andeelschien

gweithio

arbeiden

cyflogai

Anstellte

cyflogwr

Arbeitgever

ffatri

Fabrik

siop

Hökerie

swyddog heddlu
Wachtmeester

diffoddwr tân
Füerwehrmann

cogydd
Kock

meddyg
Dokter

peilot
Fleger

garddwr	saer	gwniadwraig
Goorner	Discher	Neihersche

garddwr

Goorner

saer

Discher

gwniadwraig

Neihersche

barnwr

Richter

fferyllydd

Chemiker

actor

Schauspeler

gyrrwr bws

Busfohrer

gyrrwr tacsi

Taxifohrer

pysgotwr

Fischer

glanhawraig

Reinmaakfru

töwr

Dackdecker

gweinydd

Kellner

heliwr

Jäger

paentiwr

Maler

pobydd

Bäcker

trydanwr

Elektriker

adeiladwr

Buarbeider

peiriannydd

Ingenieur

cigydd

Slachter

plymiwr

Klempner

dyn y post

Postbüdel

milwr

Suldat

pensaer

Architekt

ariannwr

Kasserer

gwerthwr blodau

Florist

triniwr gwallt

Putzbüdel

archwiliwr tocynnau
rheilffordd

Schaffner

mecanydd

Mechaniker

capten

Kaptein

deintydd

Tähndokter

gwyddonydd

Wetenschopler

rabi

Rabbi

imam

Imam

mynach

Mönk

clerigwr

Paap

offer

Warktüüch

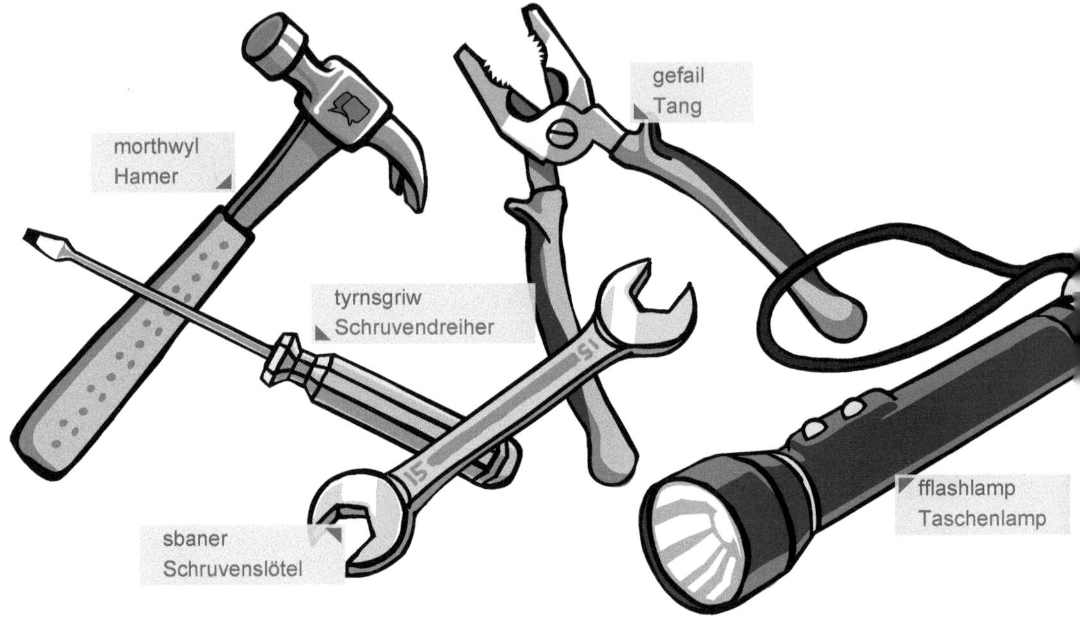

morthwyl
Hamer
gefail
Tang
tyrnsgriw
Schruvendreiher
sbaner
Schruvenslötel
fflashlamp
Taschenlamp

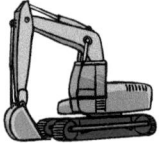

turiwr

Grieper

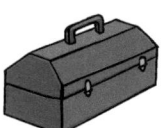

blwch offer

Warktüüchkassen

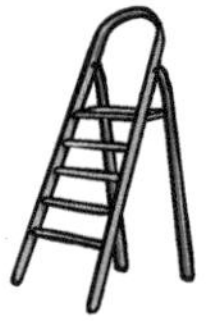

ysgol

Ledder

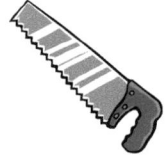

llif

Saag

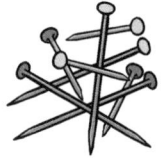

hoelion

Nagels

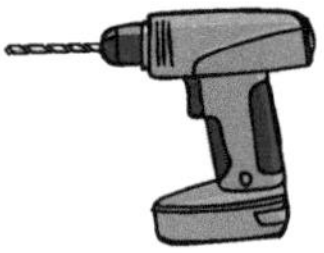

dril

Bohrer

trwsio

heelmaken

rhaw

Schüffel

Daria!

Schiet!

rhaw lwch

Kehrblick

pot paent

Farvpott

sgriwiau

Schruven

offerynnau cerdd
Musikinstrumenten

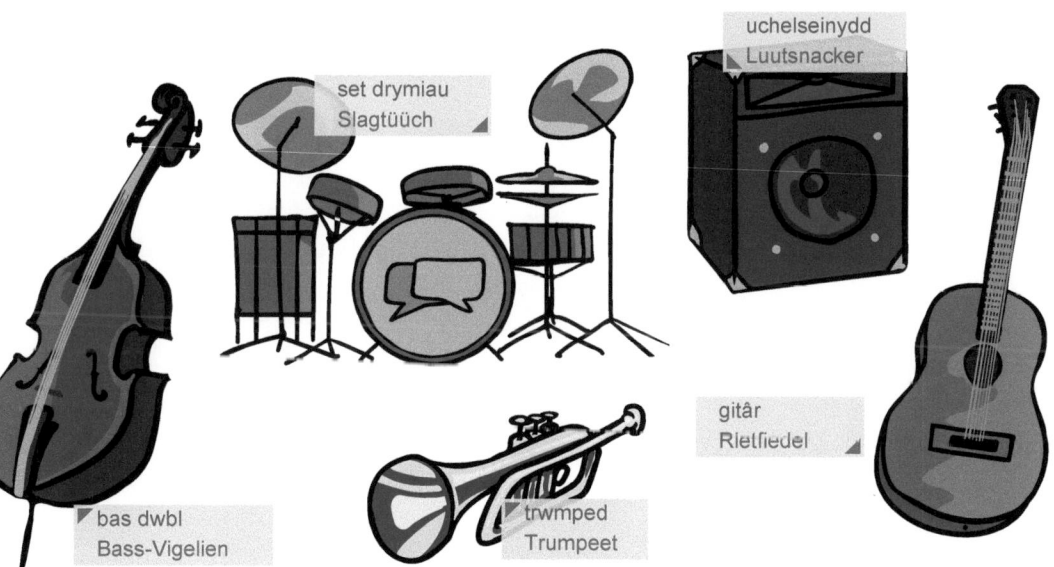

uchelseinydd
Luutsnacker

set drymiau
Slagtüüch

gitâr
Rietfiedel

bas dwbl
Bass-Vigelien

trwmped
Trumpeet

piano

Klaveer

ffidil

Vigelien

bas

Bass

timpani

Pauk

drymiau

Trummeln

cyweirfwrdd

Keyboard

sacsoffon

Saxophon

ffliwt

Fleut

meicroffon

Mikrofoon

Deertenpark

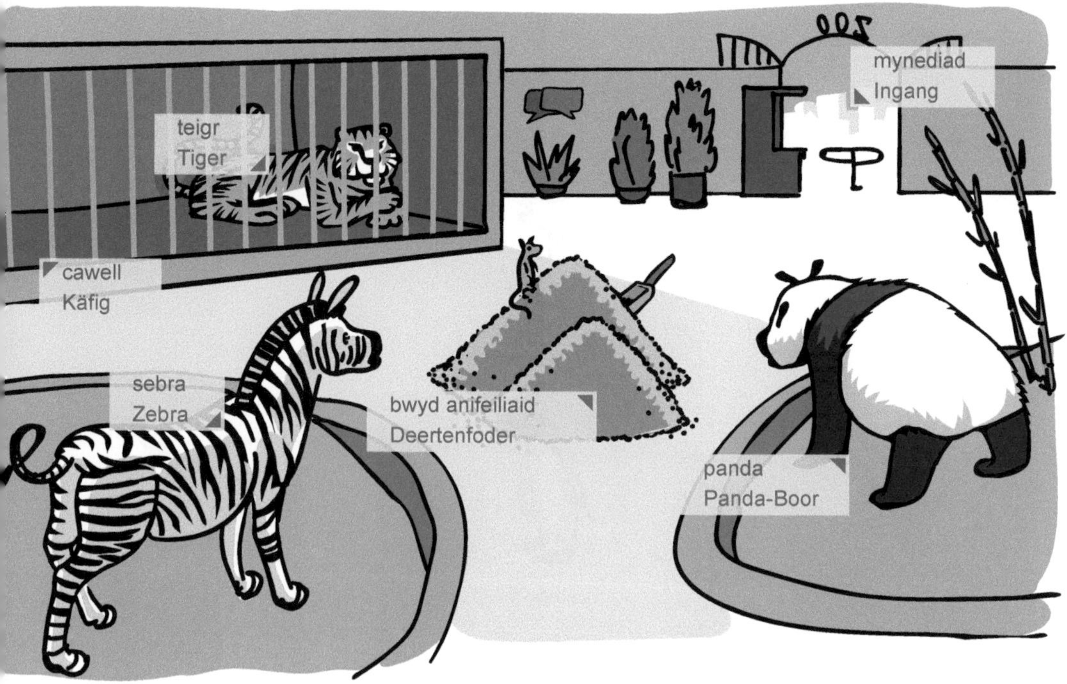

mynediad
Ingang
teigr
Tiger
cawell
Käfig
sebra
Zebra
bwyd anifeiliaid
Deertenfoder
panda
Panda-Boor

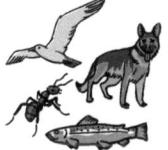

anifeiliaid

Deerten

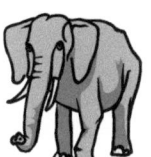

eliffant

Elefant

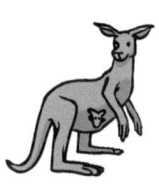

cangarŵ

Känguru

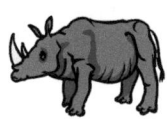

rhinoseros

Neeshoorn

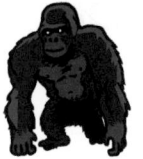

gorila

Gorilla

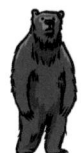

arth

Boor

camel

Kameel

estrys

Struuß

llew

Lööv

mwnci

Aap

fflamingo

Flamingo

parot

Papagoi

arth wen

Iesboor

pengwin

Pinguin

siarc

Haifisch

paun

Pageluun

neidr

Slang

crocodeil

Krokodil

gofalwr sŵ

Oppasser in'n Deertenpark

morlo

Saalhund

jagwar

Jaguor

merlyn

Pony

llewpard

Leopard

hipo

Nilpeerd

jiráff

Giraff

eryr

Aadler

baedd

Wildswien

pysgodyn

Fisch

crwban

Schildkrööt

walrws

Walross

llwynog

Voss

gafrewig

Gazell

chwaraeon
Sport

pêl-droed America
Amerikaansch Football

beicio
Radfohren

tennis
Tennis

pêl-fasged
Korfball

nofio
Swümmen

bocsio
Boxen

hoci iâ
Iseshockey

pêl-droed
Football

badminton
Fedderball

athletau
Leichtathletik

pêl-law
Handball

sgïo
Skilopen

polo
Polo

gweithgareddau
Aktivitäten

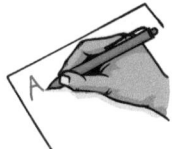

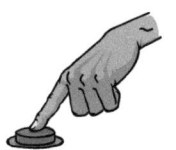

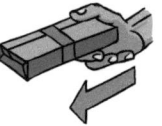

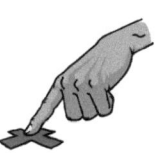

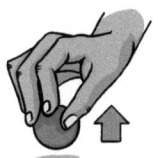

chwerthin
lachen
neidio
springen
cofleidio
ümarmen
cerdded
gahn
canu
singen
breuddwydio
drömen
gweddïo
beden
cusanu
snuteln

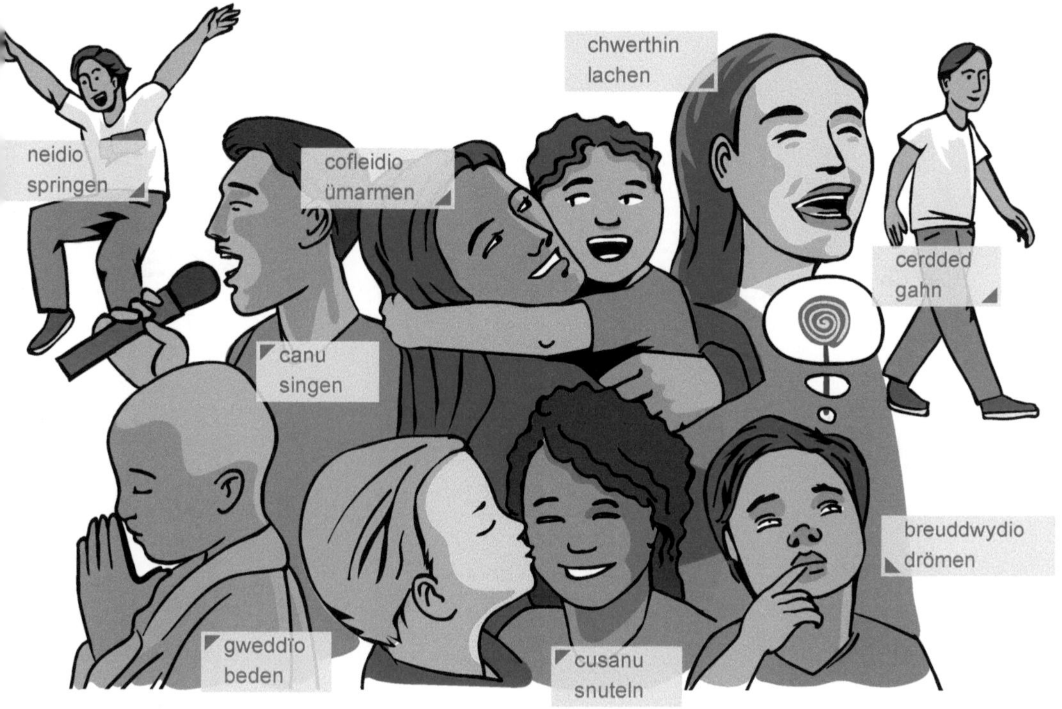

ysgrifennu

schrieven

tynnu

teken

dangos

wiesen

gwthio

drücken

rhoi

geven

cymryd

nehmen

bod gan

hebben

gwneud

doon

bod

sien

sefyll

stahn

rhedeg

lopen

tynnu

trecken

taflu

smieten

disgyn

fallen

gorwedd

liggen

aros

töven

cario

dregen

eistedd

sitten

gwisgo amdanoch

antrecken

cysgu

slapen

deffro

opwaken

edrych ar	crïo	anwesu
ankieken	wenen	eien

cribo	siarad	deall
kämmen	snacken	verstahn

gofyn	gwrando	yfed
fragen	hören	drinken

bwyta	tacluso	caru
eten	oprümen	leefhebben

coginio	gyrru	hedfan
kaken	fohren	flegen

hwylio

segeln

cyfrifo

reken

darllen

lesen

dysgu

lehren

gweithio

arbeiden

priodi

de Plünnen tohoopsmieten

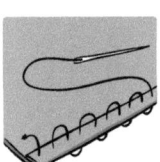

gwnïo

neihen

brwsio dannedd

Tähnen putzen

lladd

dootmaken

ysmygu

smöken

anfon

schicken

nain
Grootmoder

taid
Grootvadder

tad
Vadder

mam
Moder

baban
Winnelkind

merch
Dochter

mab
Söhn

gwestal

Gast

modryb

Tant

ewythr

Unkel

brawd

Broder

chwaer

Süster

corff

Lief

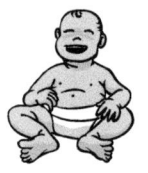

talcen
Vörkopp
llygad
Oog
ysgwydd
Schuller
bys
Finger
wyneb
Gesicht
gên
Kinn
llaw
Hand
coes
Been
bron
Bost
braich
Arm

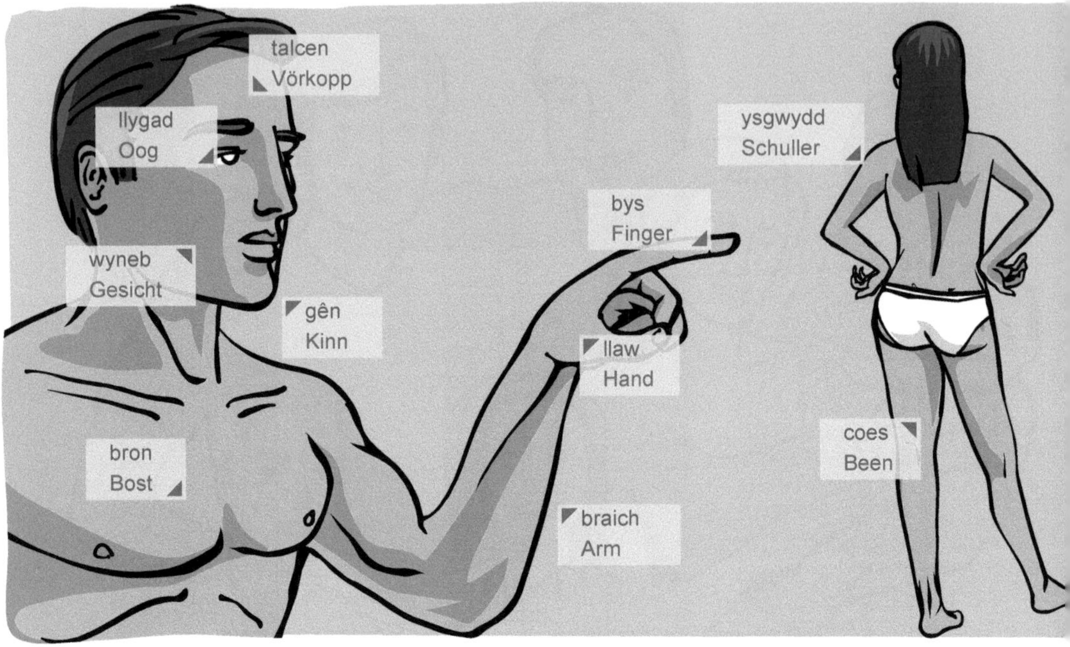

baban

Winnelkind

dyn

Mann

gwraig

Fro

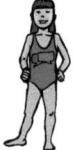

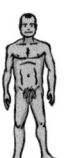

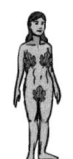

geneth

Deern

bachgen

Jung

pen

Arm

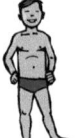

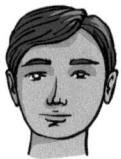

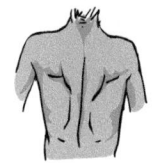	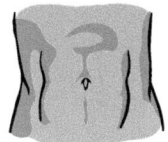	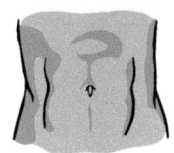
cefn	bel	bogail
Rüch	Buuk	Navel
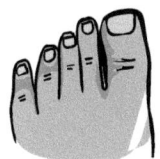	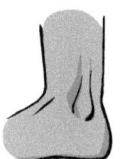	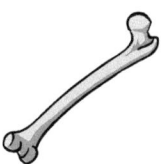
bys troed	sawdl	asgwrn
Teh	Hack	Knaken
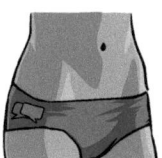		
clun	pen-glin	penelin
Hüft	Knee	Ellbagen
		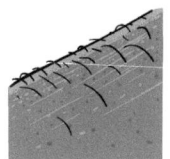
trwyn	pen ôl	croen
Nees	Achtersen	Huut
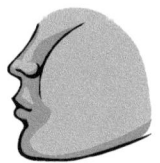	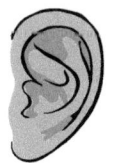	
boch	clust	gwefus
Back	Ohr	Lipp

ceg

Mund

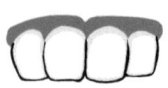

dant

Tähn

tafod

Tung

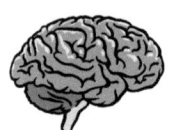

ymennydd

Bregen

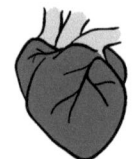

calon

Hart

cyhyr

Muskel

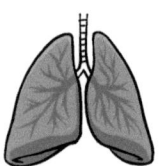

ysgyfaint

Lung

iau

Lever

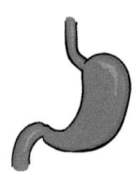

stumog

Maag

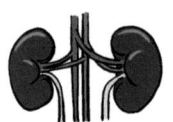

arennau

Neren

rhyw

Bislaap

condom

Kondoom

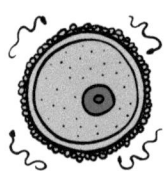

ofwm

Eizell

semen

Sperma

beichiogrwydd

Anner Ümstänn

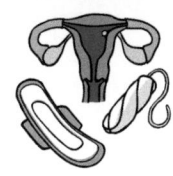

mislif

Menstruatschoon

fagina

Scheed

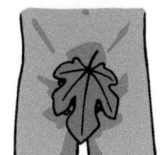

pidyn

Pint

ael

Ogenbroe

gwallt

Hoor

gwddf

Hals

ysbyty
Krankenhuus

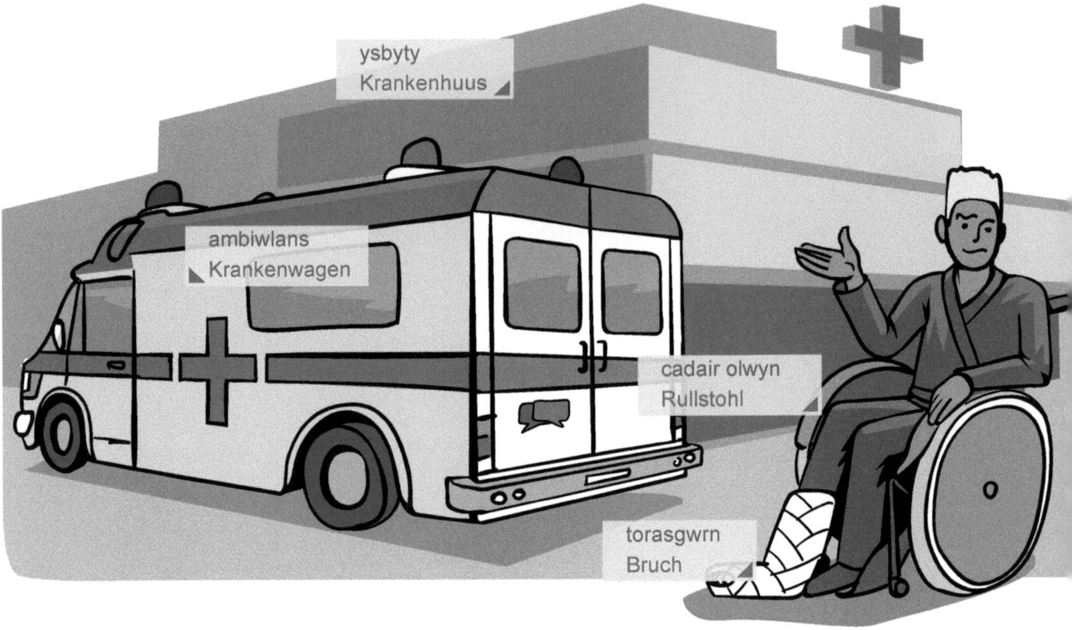

ysbyty
Krankenhuus

ambiwlans
Krankenwagen

cadair olwyn
Rullstohl

torasgwrn
Bruch

meddyg
Dokter

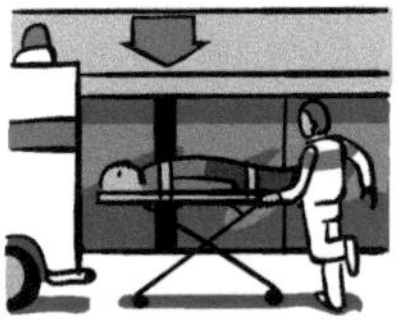

ystafell argyfwng
Nootopnahm

nyrs
Krankensüster

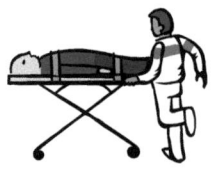

argyfwng
Nootfall

anymwybodol
ahnmächtig

poen
Wehdaag

ysbyty - Krankenhuus

anaf

Verwunnen

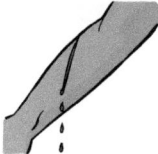

gwaedu

Blöden

trawiad ar y galon

Hartinfarkt

strôc

Slaganfall

alergedd

Allergie

peswch

Hoosten

twymyn

Fever

ffliw

Gripp

dolur rhydd

Dörchfall

cur pen

Koppwehdaag

canser

Kreeft

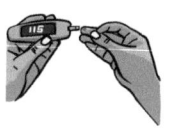

diabetes

Zuckersüük

llawfeddyg

Chirurg

fflaim

Chirurgsch Mess

gweithrediad

Operatschoon

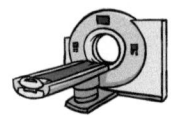

CT

CT

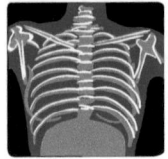

pelydr-x

Dörchlüchten

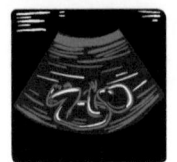

uwchsain

Ultraschall

mwgwd wyneb

Mask

clefyd

Krankheit

ystafell aros

Töövruum

bagl

Krück

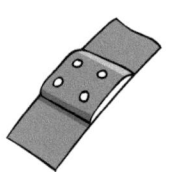

plastr

Plaaster

rhwymyn

Verband

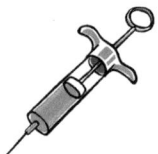

pigiad

Insprütten

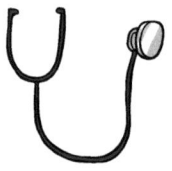

stethosgop

Stethoskop

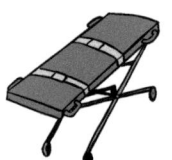

elorwely

Draag

thermomedr clinigol

Feverthermometer

genedigaeth

Geboort

dros bwysau

Övergewicht

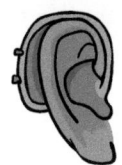

cymorth clyw

Höörapparat

diheintydd

Kiemfriemiddel

haint

Ansteken

firws

Virus

HIV / AIDS

HIV / AIDS

meddygaeth

Heelmiddel

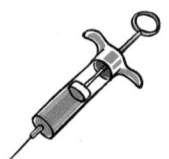

brechiad

Impen

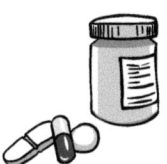

tabledi

Tabletten

y bilsen

Pill

galwad frys

Nootroop

monitor pwysau gwaed

Blootdruck-Meter

yn sâl / yn iach

krank / gesund

Help!

Hölp!

larwm

Alarm

ymosodiad

Överfall

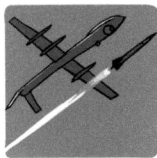

ymosodiad

Angreep

perygl

Gefohr

allanfa argyfwng

Nootutgang

Tân!

Füer!

diffoddwr tân

Füerlöscher

damwain

Unfall

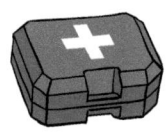

pecyn cymorth cyntaf

Noothölpkoffer

SOS

SOS

heddlu

Polizei

Ewrop

Europa

Gogledd America

Noordamerika

De America

Süüdamerika

Affrica

Afrika

Asia

Asien

Awstralia

Australien

Iwerydd

Atlantik

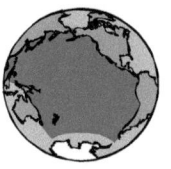

y Môr Tawel

Pazifik

Cefnfor yr India

Indisch Weltmeer

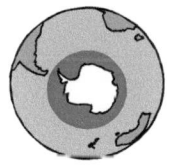

Cefnfor yr Antarctig

Antarktisch Weltmeer

Cefnfor yr Arctig

Arktisch Weltmeer

Pegwn y Gogledd

Noordpol

Pegwn y De

Süüdpol

Antarctica

Antarktis

y Ddaear

Eerd

tir

Land

môr

See

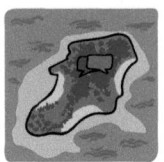

ynys

Eiland

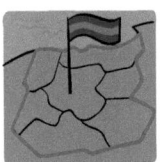

cenedl

Natschoon

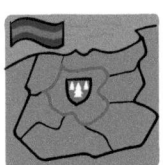

gwladwriaeth

Staat

wyneb cloc

Tallenblatt

bys awr

Stunnenwieser

bys munud

Minutenwieser

bys eiliad

Sekunnenwieser

Faint o'r gloch yw hi?

Wo laat is dat?

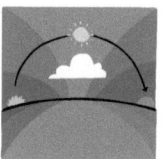

dydd

Dag

amser

Tiet

yn awr

nu

cloc digidol

digetaalsch Klock

munud

Minuut

awr

Stunn

wythnos

Week

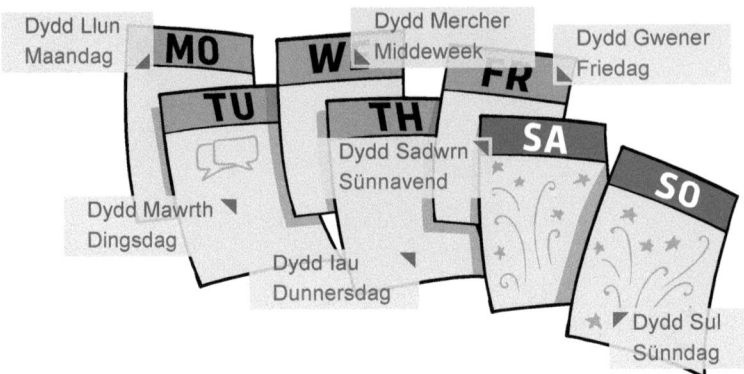

Dydd Llun / Maandag — MO
Dydd Mercher / Middeweek — W
Dydd Gwener / Friedag — FR
Dydd Mawrth / Dingsdag — TU
Dydd Sadwrn / Sünnavend — SA
Dydd Iau / Dunnersdag — TH
Dydd Sul / Sünndag — SO

ddoe

güstern

heddiw

hüüt

yfory

morgen

bore

Morgen

canol dydd

Meddag

noswaith

Avend

diwrnodiau busnes

Arbeitsdaag

penwythnos

Wekenenn

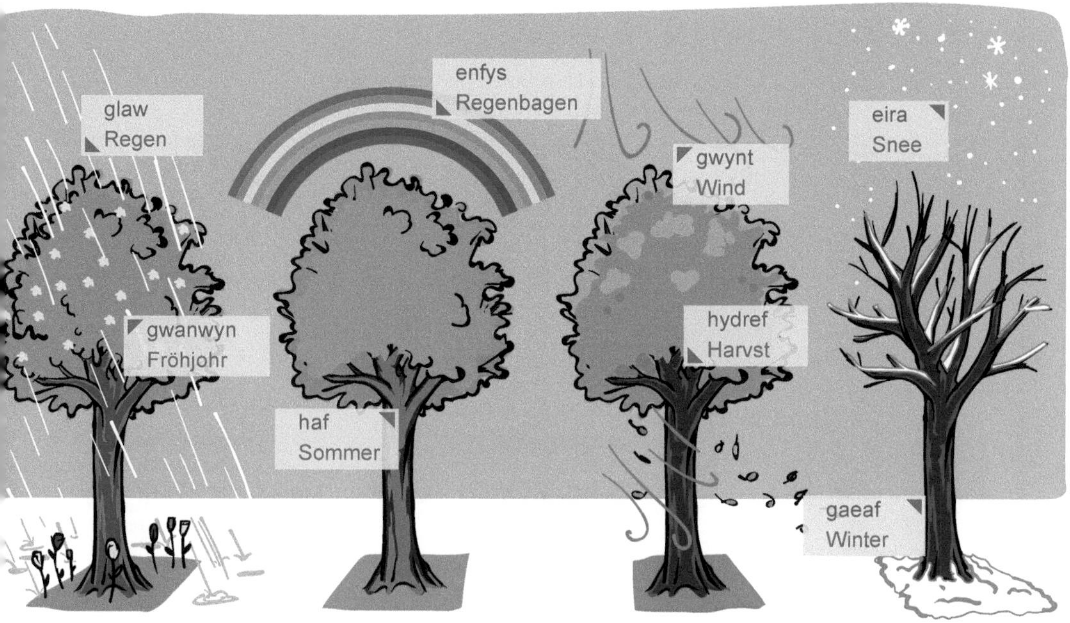

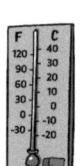

glaw
Regen
enfys
Regenbagen
gwynt
Wind
eira
Snee
gwanwyn
Fröhjohr
hydref
Harvst
haf
Sommer
gaeaf
Winter

4.APRIL 11°
5.APRIL 4°
6.APRIL 13°
7.APRIL 8°
8.APRIL 10°

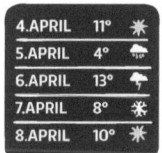

rhagolygon y tywydd

Wedervörhersaag

F
C
120
90
60
30
0
-30
40
30
20
10
0
-10
-20

thermomedr

Thermometer

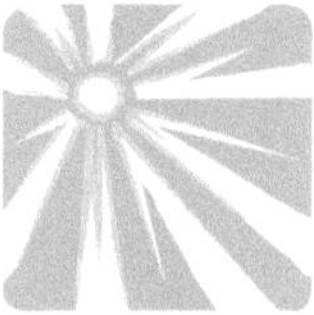

heulwen

Sünnenschien

cwmwl

Wulk

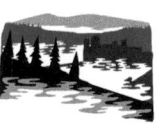

niwl tew

Nevel

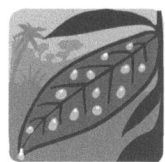

lleithder

Luftfuchtigkeit

mellt

Blitz

taranau

Dunner

storm

Storm

cenllysg

Hagel

monsŵn

Monsun

llif

Floot

iâ

Ies

Ionawr

Januormaand

Chwefror

Februormaand

Mawrth

Martmaand

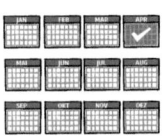

Ebrill

Aprilmaand

Mai

Maimaand

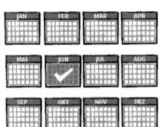

Mehefin

Junimaand

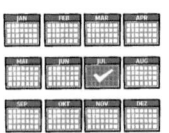

Gorffennaf

Julimaand

Awst

Augustmaand

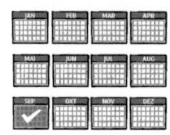

Medi

Septembermaand

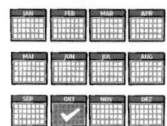

Hydref

Oktobermaand

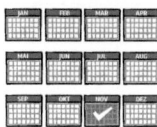

Tachwedd

Novembermaand

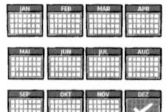

Rhagfyr

Dezembermaand

siapiau
Formen

cylch

Krink

sgwâr

Quadrat

petryal

Rechteck

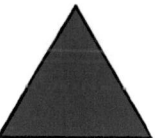

triongl

Dreeeck

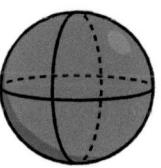

sffêr

Kugel

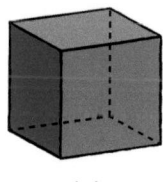

ciwb

Wörpel

Lliwiau
Farven

gwyn
witt

melyn
geel

oren
orangsch

pinc
pink

coch
root

porffor
lila

glas
blau

gwyrdd
gröön

brown
bruun

llwyd
gries

du
swart

llawer / ychydig

veel / wenig

dig / tawel

böös / verdreeglich

hardd / hyll

smuck / mies

dechrau / diwedd

Begünn / Enn

mawr / bach

groot / lütt

llachar / tywyll

hell / düüster

brawd / chwaer

Broder / Süster

glân / budr

schier / schietig

gyflawn / anghyflawn

kumpleet / nich kumpleet

dydd / nos

Dag / Nacht

farw / yn fyw

doot / lebennig

eang / cul

breet / small

bwytadwy / anfwytadwy

geneetbor / nich geneetbor

drwg / caredig

böös / fründlich

llawn cyffro / diflasu

fickerig / langwielt

tew / tenau

dick / dünn

cyntaf / olaf

toeerst / toletzt

cyfaill / gelyn

Fründ / Fiend

llawn / gwag

vull / leddig

caled / meddal

hart / week

trwm / ysgafn

swoor / licht

wedi newynnu / yn sychedig

Smacht / Döst

yn sâl / yn iach

krank / gesund

anghyfreithlon / cyfreithiol

nich na't Recht / na't Recht

deallus / twp

klook / dummerhaftig

chwith / dde

linkerhand / rechterhand

agos / pell

neeg / feern

newydd / wedi'i ddefnyddio

nieg / bruukt

dim / rhywbeth

nix / wat

hen / ifanc

oolt / jung

ymlaen / i ffwrdd

an / ut

ar agor / ar gau

apen / slaten

tawel / uchel

lies / luut

cyfoethog / tlawd

riek / arm

cywir / anghywir

richtig / verkehrt

garw / llyfn

ruug / glatt

trist / hapus

trurig / glücklich

byr / hir

kort / lang

araf / cyflym

suutje / flink

gwlyb / sych

natt / dröög

cynnes / claear

warm / köhl

rhyfel / heddwch

Krieg / Freden

rhifau

Tallen

0
sero
null

1
un
een

2
dau
twee

3
tri
dree

4
pedwar
veer

5
pump
fief

6
chwech
söss

7
saith
söven

8
wyth
acht

9
naw
negen

10
deg
teihn

11
un deg un
ölven

12

un deg dau

twölf

13

un deg tri

dörteihn

14

un deg pedwar

veerteihn

15

un deg pump

föffteihn

16

un deg chwech

sössteihn

17

un deg saith

söventeihn

18

un deg wyth

achtteihn

19

un deg naw

negenteihn

20

dau ddeg

twintig

100

cant

hunnert

1.000

mil

dusend

1.000.000

miliwn

million

Saesneg

Engelsch

Saesneg America

Amerikaansch Engelsch

Tsieinëeg Mandarin

Chineesch Mandarin

Hindi

Hindi

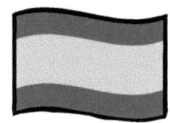

Sbaeneg

Spaansch

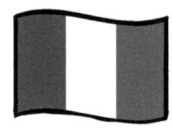

Ffrangeg

Franzöösch

Arabeg

Araabsch

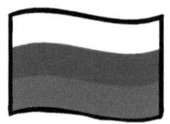

Rwseg

Rusch

Portiwgaleg

Portugiesch

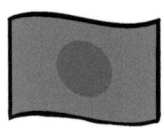

Bengali

Bengaalsch

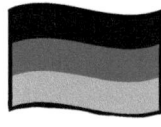

Almaeneg

Düütsch

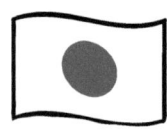

Siapanaeg

Japaansch

fi

ik

ti

du

ef / hi

he / se / dat

ni

wi

chi

ji

nhw

se

pwy?

keen?

beth?

wat?

sut?

woans?

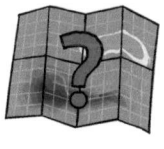

ble?

woneem?

pryd?

wannehr?

enw

Naam

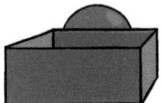

y tu ôl i

achter

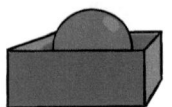

yn / yng / ym / mewn

in

o flaen

vör

dros

över

ar

op

dan

ünner

wrth ochr

blangen

rhwng

twüschen

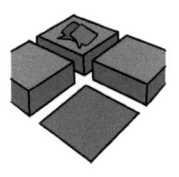

lle

Oort